VIAJE A LA ROCA

DEVOCIONAL - FUNDMENTOS DE FE

ALL NATIONS INTERNATIONAL   TERESA SKINNER

GORDON SKINNER   AGNES I NUMER

ASHLEY FLORES   ONOH KESANDU NWANKWO

CON

FAITH CHIDINMA METCHIE

TRADUCIDO POR

ALFONSO YAÑEZ PEREZ

Viaje a la Roca
Devocional - Fundmentos de Fe

ISBN: 978-1-955759-13-7

Copyright © 2022 por All Nations International
Derechos Reservados.

Instituto de Entrenamiento Móvil Isaías 58
Disponible para utilizar en programas de entrenamiento
Para más información o para pedir copias adicionales:

email: is58mti@gmail.com
contáctenos en: www.all-nations.org

"Si no plantas algo que quieres en tu tierra de cultivo, algo que no quieres crecerá en ella.

Y, además, incluso si plantas algo que quieres y no lo cuidas con esmero, algo que no quieres seguirá creciendo y sofocará todo lo que plantaste".

FAITH CHIDINMA METCHIE

Busca la flecha: preguntas, puzles e información especial.
Respuestas en la parte posterior del libro

ÍNDICE

¿QUIÉN ES DIOS?

Creemos que Dios es creado como nosotros... No es así...

Nosotros somos **creados como Él.**

Dios existía... **incluso** antes de que fuéramos creados. Él no tiene ni principio ni fin. Dios lo hizo todo, el cielo y la tierra y a todos los seres vivos. Dios también hizo al hombre.

DIOS ES EL CREADOR

Al principio, Dios creó los cielos y la tierra en sólo siete días:

Día 1: Dios creó la Luz y separó la Luz de la Oscuridad.
Día 2: Dios creó los cielos. Día 3: Dios creó la Tierra, el mar y la vegetación. Día 4: Dios creó el Sol, la Luna y las Estrellas. Día 5: Dios creó las Aves y los Animales Marinos. Día 6: Dios creó los Animales Terrestres y los Humanos.
Día 7: Dios descansó.

Cuando Dios creó al hombre, lo hizo a partir del polvo de la tierra. Después de que Dios formó al hombre, sopló en él y el hombre se convirtió en una criatura viviente capaz de respirar. Esto nos hace especiales para Dios.

Salmo 145:8: "Clemente y misericordioso es Jehová, Lento para la ira, y grande en misericordia".

¿QUÉ DÍA CREÓ DIOS...?

Respuestas en la parte posterior del libro.

- El sol, la luna y las estrellas
- El cielo
- El Día de Descanso
- Tierra, Mar, Vegetación
- La luz
- Animales terrestres y Adán
- Aves y animales marinos

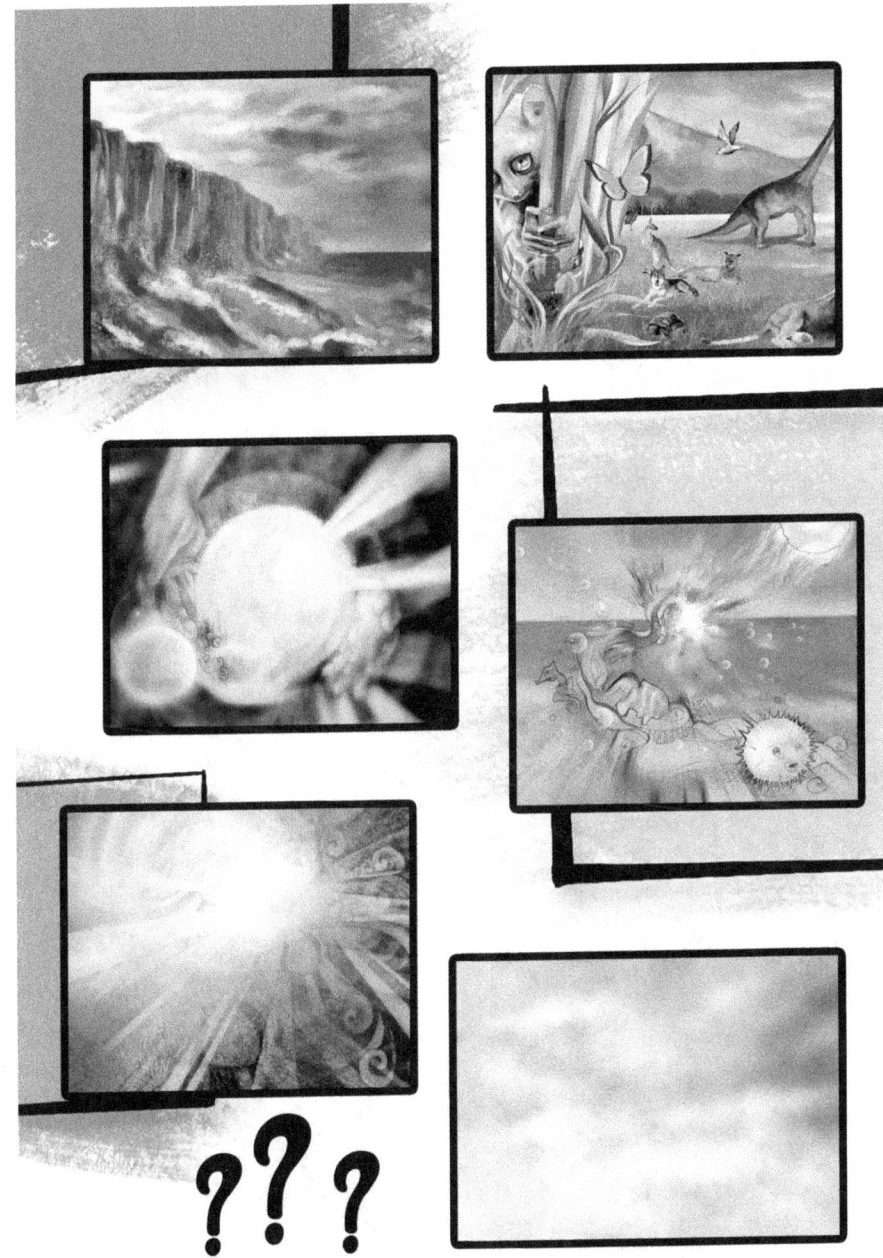

???

DIOS QUIERE LO MEJOR PARA TI.

La Biblia es la palabra de Dios escrita para que el hombre entienda Sus caminos y Sus mandamientos.

Dios es misericordioso, amable, lento para la ira, abundante en bondad amorosa y verdad.

Después de que Dios creó el mundo, Él hizo un jardín y puso al hombre en él. Imagina este lugar, ¡el más hermoso jardín o parque donde no hay dolor, sufrimiento o tormento! Todo lo que necesitas comer crece naturalmente allí para ti. Los animales se llevan bien pacíficamente. Nadie pelea o se enfada; no hay malas actitudes ni palabras desagradables. Dios y su pueblo caminaban y hablaban en el jardín cuando las tardes se volvían frescas.

Todo era perfecto. **Esto es lo que Dios hizo en el principio, para la gente que Él amaba.**

VER VIDEO:

Génesis: Creación

https://youtu.be/ZtPTMa2BPrQ

¿Más información sobre la creación bíblica...? [1]

---

1. *Lea:* **La Creación De Dios:** *Rebosante De Propósito, Dirección Y Consecuencia por Roland Beard o visite CreationStudyHelps en YouTube.*

ENCUENTRA LAS PALABRAS:

Respuestas en la parte posterior del libro.

S	A	R	E	S	P	I	R	A	C	I	O	N	H
R	N	N	P	D	I	A	A	E	S	E	O	P	N
S	I	T	I	S	A	L	L	E	R	T	S	E	O
N	M	Z	I	S	T	T	E	E	T	L	U	N	A
N	A	A	I	E	E	S	D	N	Z	D	J	P	P
S	L	A	J	A	R	C	J	R	L	A	A	L	T
O	E	O	L	E	A	R	E	A	N	R	A	E	H
O	S	U	L	P	H	N	A	P	L	N	V	I	E
D	Z	Z	S	O	L	C	C	L	T	R	I	A	E
I	M	L	L	A	S	E	O	A	E	N	N	I	L
O	R	E	R	A	S	I	S	N	R	A	A	I	I
S	I	D	N	I	R	R	S	E	C	C	S	I	E
C	S	O	V	I	V	S	E	R	E	S	L	T	E
N	I	D	R	A	J	S	R	I	L	N	N	D	D

Día

Respiración

Sol

Peces

Cielo

Jardín

Animales

Plantas

Luz

Luna

Seres vivos

Estrellas

Dios

Noche

Tierra

DEVOCIONAL DIA 1:

¿QUIÉN ES DIOS?

Dios hizo todo lo que está vivo, y Él creó a todos los seres humanos del planeta. No sólo creó Él todo en 6 días, sino que a cada cosa que Él hizo, la llamó buena. Eso significa que cuando Él te creó, ¡vio que Su obra era buena!

Tal vez estés pensando "Bien... ¡"bueno" no es la palabra que usaría para describirme a mí mismo o a otras personas!". Lo que significa es que Dios estaba contento con Su obra al crear la tierra, los animales, el agua, el cielo y los seres humanos que viven en la Tierra. Eso quiere decir que cuando Él te formó, Él te miró y vio que Su obra estaba completa, sin errores.

Después de leer este capítulo, ¿cómo ha cambiado tu forma de ver a Dios? ¿Cómo te ves a ti mismo y a los demás?

¿DÓNDE VIVE DIOS?

Dios es un Espíritu, no tiene un cuerpo como el nuestro.

Vive en el cielo, y nosotros podemos invitarle a vivir en nuestros corazones.

Dios tiene Su propio reino.

Dios tiene Su propia cultura y Su propia forma de expresarse.

No podemos controlarlo. **Él es Dios.**

¿DÓNDE CREES QUE VIVE DIOS?

Escribe tu respuesta aquí:

_____
_____
_____
_____
_____
_____

SIGAMOS CON EL VIAJE:

Safari

vwayaj

Journey

Irin ajo

Viaje

njem

Tafiya

paglalakbay

Dos Iponawon

¿DE QUÉ COLOR ES DIOS?

Ver Video: "¿De qué color es Dios?"

https://youtu.be/Yr0K73ZA9JM

¿DE QUÉ COLOR ES DIOS?

Dios es la Luz, la Luz es todos los colores.

Dios no es blanco, marrón, amarillo o negro.

Dios es todos los colores. TODOS estamos hechos como Él.

Es importante que sepamos quién es Dios y que Él quiere caminar y hablar con nosotros.

Dios quiere que su pueblo lo conozca.

ESCRITURA PARA RECORDAR:

> Sus caminos notificó a Moisés, Y a los hijos de Israel sus obras.
>
> *SALMO* 103:7

DEVOCIONAL DIA 2:

¿DE QUÉ COLOR ES DIOS?

Cada uno de nosotros tiene un aspecto diferente. No hay dos personas que sean exactamente iguales, ¡ni siquiera los gemelos! La forma en que miramos, hablamos y pensamos nos muestra un aspecto diferente de quién es Dios, ¡y Él ama la variedad! ¡Saber esto es importante porque nos ayuda a tratar a todos los que nos rodean con respeto y amor — **porque Dios los hizo a ellos también!**

Encuentra las palabras en el puzle de abajo. ¡Busca información sobre los países que no conozcas para aprender sobre ellos!

D	S	K	P	T	S	F	B	R	A	S	I	L	I
B	U	A	I	N	A	D	R	O	J	A	A	M	D
F	E	E	N	S	P	I	L	I	B	E	R	I	A
I	C	A	I	I	N	G	L	A	T	E	R	R	A
L	I	I	C	A	N	A	D	A	I	J	E	I	I
I	A	I	P	A	J	A	P	O	N	A	N	L	N
P	L	J	N	I	G	E	R	I	A	D	N	R	D
I	A	L	E	A	R	S	I	O	A	S	I	E	I
N	A	N	U	C	H	I	L	E	H	S	I	A	A
A	S	R	A	U	S	T	R	A	L	I	A	B	I
S	E	I	R	U	S	I	A	O	C	I	X	E	M
P	D	M	L	I	R	E	T	I	O	P	I	A	R
N	A	T	I	V	O	S	A	M	E	R	I	C	A
U	G	A	N	D	A	I	N	E	K	S	I	I	L

- México - Uganda - Perú - Inglaterra
- Israel - Rusia - Japón - Tailandia
- Nigeria - Liberia - Suecia - Brasil
- Canadá - Jordania - Australia - India
- Filipinas - Kenia - Chile
- Nativos America - Etiopía

¿CREADO A IMAGEN DE DIOS?

¿QUÉ SIGNIFICA SER CREADO A IMAGEN Y SEMEJANZA DE DIOS?

Cuando alguien te dice "eres igual a tu padre", quiere decir que hablas, caminas, piensas y actúas como tu padre o que tienes habilidades especiales como él. Cuando Dios nos creó, Él nos dio habilidades especiales y características como las que Él tiene.

Tenemos habilidades espirituales para conocer a Dios, para hablar con Él y estar conscientes de Su presencia.

Tenemos libre albedrío - podemos escoger.

Somos creativos - podemos crear.

Tenemos inteligencia - podemos pensar, aprender y entender.

Tenemos autoridad - podemos regir (controlar, organizar).

DEVOCIONAL DIA 3:

CREADOS A IMAGEN Y SEMEJANZA DE DIOS

Parece algo difícil de entender: este Dios asombroso que creó el uerso y todos los seres vivos en él, las estrellas y los planetas en el firmamento, ¡también nos creó a cada uno de nosotros! No sólo Él nos creó, sino que cada uno de nosotros, en nuestra singularidad, representa una parte diferente de quién es Dios. Nuestra creatividad, nuestra inteligencia, nuestras risas, cómo amamos y tratamos a otras personas, nuestras características, nuestros dones y talentos, incluso nuestro aspecto, muestran al mundo un trozo de Dios. En un mundo tan dividido, hemos olvidado que cada uno de nosotros fue creado por Dios, a su imagen y semejanza, para Sus propósitos.

 DIARIO:

¿Cómo puedes utilizar tus dones, tus talentos y tu vida para mostrar al mundo quién es Él?

¿QUIÉN ES EL ÚNICO ENEMIGO DE DIOS?

Dios tiene un enemigo que es maligno y odia a Dios y Su gente. Este enemigo hará todo lo que pueda en su malvado alcance para detener el plan de Dios. El nombre de este enemigo es Satanás o "el Diablo".

Él fue al Jardín del Edén como una serpiente, para mentir a Adán y Eva. Adán y Eva escucharon a Satanás y pecaron. Entonces ya no pudieron seguir caminando y hablando con Dios.

El mundo se convirtió en un lugar desagradable para vivir debido al pecado.

Dios le dijo a Adán y Eva que, si desobedecían, algo pasaría...Ese algo se llama "Muerte".

AHORA, los humanos nacen con la tendencia a pecar... Está en su ADN.

Las personas perdieron la fuerza para crear o elegir lo que es correcto, y se convirtieron en esclavos del pecado. Están separadas de Dios.

DIOS QUIERE que seas Uno de Sus niños. Dios te ama y quiere que le conozcas y aprendas Sus caminos. Él te salvara de las mentiras del diablo y las ataduras del pecado. **Dios quiere restaurar** en ti Sus características especiales que Él le dio a Adán. **Dios quiere llevarte de vuelta** a "la imagen de Dios". Tú volverás a ser de Su Pueblo y **Él será tu Dios**. Aprenderás a conocerle, a caminar con Él y hablar con Él.

DEVOCIONAL DIA 4:

WHO IS GOD'S ONE ENEMY?

Hay una dura verdad a la que todos tenemos que enfrentarnos alguna vez: existe Dios y existe el diablo. Si no estás sirviendo a Dios, ¿cómo estás sirviendo? ¡La Biblia llama al diablo el padre de la mentira, quien no posee verdad alguna!

"Él ha sido homicida desde el principio, y no ha

permanecido en la verdad, porque no hay
verdad en él. Cuando habla mentira, de suyo
habla; porque es mentiroso, y padre de mentira".

JUAN 8:44

Dios quiere que cada uno de nosotros se convierta en uno de Sus hijos y tenga la misma dulce relación que Dios tuvo con Adán y Eva antes de que pecaran. ¡Una manera de llegar a ser Su hijo, es saber quién es Su enemigo y mantenerse alejado de él!

DIARIO:

Haz una lista de las cosas que te separan de Él.

¿Qué puedes hacer para alejarte de esas cosas?

Haz una lista de las cosas que te ayudan a acercarte a Dios.

¿Cómo puedes convertir estas cosas en hábitos en tu vida?

Think outside
the box

¿QUÉ ES PECADO?

Hazte las siguientes preguntas:

- ¿Es algo que Dios dice que está mal?
- ¿Te está enfermando o haciendo sentir mal?
- ¿Siempre tienes que decirte a ti mismo que está bien?
- ¿Te sentiste culpable/mal cuando empezaste a hacerlo?
- ¿Tienes que evitar hacerlo?
- ¿Es pecado?

EL PECADO NOS SEPARA DE DIOS.

Dios quiere que volvamos a Él, para que Él pueda caminar y hablar con nosotros como lo hizo en el Jardín del Edén con Adán y Eva.

Seamos sinceros: no siempre es cómodo admitir que nos hemos equivocado. Tratamos de encontrar formas de excusar lo que hacemos, en lugar de admitir que está mal. Tal vez hayas escuchado a alguien decir "Es sólo una mentirita. ¡No es para tanto!". ¡Tal vez incluso lo hayas dicho tú mismo! Pero... ¿has pensado alguna vez en cómo ve Dios el pecado? No le importa si es algo grande o pequeño. ¡Si es pecado, es pecado!

PECADO es también NO HACER lo que fuimos creados para hacer.

Dios nos da mandatos e instrucciones a seguir para nuestro propio bien. Es para convertirnos en la persona que Él nos creó para ser. También es para beneficiar a otros.

CUANDO NO OBEDECEMOS A DIOS, ES PECADO.

∿

DIARIO:

¿Qué te ha pedido Dios que hagas?

_____

_____

_____

_____

_____

_____

_____

PUZLE: ¿QUÉ ES PECADO?

ENCUENTRA LAS PALABRAS:

Respuestas en la parte posterior del libro.

Mansedumbre

Fornicación

Arrebatos de ira

Asesinatos

Fiestas salvajes

Enseñanzas falsas

Odio

Lucha

Amor

Abuso de drogas

Brujería

Embriaguez

Egoísmo

Bondad

Idolatría
Lujuria
Mentira
Envidia
Alegría

E	L	U	J	U	R	I	A	M	S	I	A	A	U
O	O	S	B	I	U	R	S	E	A	M	B	N	N
I	O	Z	R	D	R	A	O	N	G	A	I	A	H
O	M	E	R	O	E	E	T	T	O	N	O	M	A
I	B	U	U	L	R	N	A	I	R	S	D	O	I
B	R	G	O	A	L	V	N	R	D	E	I	R	R
A	U	A	T	T	O	I	I	A	E	D	O	E	G
B	J	I	L	R	I	D	S	A	D	U	S	G	E
O	E	R	U	I	T	I	E	I	O	M	D	O	L
N	R	B	C	A	L	A	S	S	S	B	I	I	A
D	I	M	H	A	B	S	A	A	U	R	L	S	O
A	A	E	A	O	A	S	U	B	B	E	O	M	D
D	M	C	F	O	R	N	I	C	A	C	I	O	N
A	R	R	E	B	A	T	O	S	D	E	I	R	A

¿QUÉ HACEMOS SI PECAMOS?

Debemos mirar nuestro pecado de la manera en que Dios lo ve.

¿QUÉ ES LO QUE DEBEMOS DE HACER CON RESPECTO AL PECADO?

- ¡Huir del pecado!
- Decir que sí a Dios
- Decir que no al diablo
- Acercarse a Dios
- Mantener tu corazón limpio
- Decidirte: "¡no lo volveré a hacer!"
- Pedirle a Dios que te perdone por tus pecados
- Dejar que Dios entre en tu vida

DEVOCIONAL DIA 5:

¿QUÉ ES PECADO?

El pecado es lo que expulsó a Adán y Eva del jardín del Edén. Antes de eso, Adán y Eva caminaban y hablaban con Dios cara a cara en el jardín. Tenían una relación estrecha.

El pecado no es sólo hacer las cosas equivocadas, sino también no hacer las cosas para las que Dios te creó. Entonces... ¿qué podemos hacer con el pecado?

Oración: Señor, ya no quiero hacer cosas que me alejan de Ti. ¡Gracias por mostrarme maneras de apartarme de las cosas que destruyen mi relación contigo! Elijo amarte y servirte. Amén.

DIARIO:

Mira la lista bajo "¿Qué debemos hacer con el pecado?" ¿Cómo puedes empezar a utilizar esta lista para apartarte del pecado en tu propia vida?

¿QUIÉN ES JESÚS?

Todos hemos pecado, así que ahora, ¿qué podemos hacer? El pecado nos separa del Dios que nos creó.

A veces nos sentimos separados y debemos emprender un viaje para encontrar a Dios.

¿POR QUÉ estamos separados de Dios?

Dios, el Creador del uerso, caminó con Adán y Eva en el jardín. Adán pecó.

El pecado de Adán lo separó a él y a todos sus descendientes de Dios. **Adán y Eva fueron maldecidos y se quedaron solos.**

¿QUIÉN ES JESÚS?

JESÚS nos devolvió al Padre. Dios envió a Jesús, su único Hijo, para morir en la cruz por nosotros, fue porque SOMOS débiles al pecado.

Jesús es el Hijo de Dios.

Jesús es Emmanuel "Dios en la Tierra".

Dios envió a Jesús para que fuera **"El Sumo Sacrificio". Jesús se hizo** hombre para Salvar al hombre.

Jesús se convirtió en el Sacrificio por Nuestros Pecados. Jesús murió por nuestros pecados, para que no tuviéramos que morir sin Dios.

Jesús no sólo lava nuestro pecado, sino que nos quita todos los pecados pasados, presentes y futuros y trabaja en nuestros corazones para que no sigamos viviendo en pecado.

¿Qué ocurre si somos débiles al pecado?

La razón por la que Dios envió a Jesús, su único Hijo, para morir en la cruz por nosotros, fue porque SOMOS débiles al pecado. Cuando le pedimos a Dios que nos perdone, Dios nos da poder sobre el pecado.

EL ÚLTIMO SACRIFICIO DE JESÚS LO HACE NUESTRO SALVADOR.

DEVOCIONAL DIA 6:

¿QUIÉN ES JESÚS?

Mira la lista bajo "¿Qué debemos hacer con el pecado?" ¿Cómo puedes empezar a utilizar esta lista para apartarte del pecado en tu propia vida?

DIARIO:

Escribe una oración, pidiendo a Jesús que venga a vivir en tu corazón.

Dile las cosas en las que te gustaría que Él te ayudara, y cómo puedes ayudar a Jesús a construir Su reino.

¿QUÉ ES EL ARREPENTIMIENTO?

Ahora nos damos cuenta que tenemos un problema: el pecado nos ha separado de Dios.

¿Cómo llegamos a donde Dios nos quiere llevar?

¿CUÁL es el problema?

Debido al pecado de Adán y Eva, ¡todos al nacer están separados de Dios!

¿CUÁL es la Solución?

¡El Arrepentimiento!

Sentirnos culpables no es arrepentimiento

El arrepentimiento es mirar el pecado que hemos hecho... a la manera de Dios. Cuando lo hacemos, nos arrepentimos de lo que hemos hecho, y no lo volvemos a hacer.

El LAMENTO HUMANO no es Arrepentimiento

No podemos simplemente sentirnos culpables cuando hacemos algo malo. Debemos pedir un cambio para no seguir pecando. Debemos sentir una tristeza que provenga de Dios.

LA TRISTEZA QUE PROVIENE DE DIOS – te lleva a hacer algo para remediar la situación.

¿Tienes algo sobre lo cual te gustaría arrepentirte?

¿Le has pedido a Jesús-el Sumo Sacrificio-que entre a tu corazón y te dé vida nueva? ¿Te has encontrado ignorando tus pecados y haciendo cosas a tu manera sin tomar en cuenta lo que el Dios de Abraham, Isaac y Jacob dice? Quizás deberías orar y pedirle perdón. Comienza esa nueva vida ahora.

ARREPENTIMIENTO; UN CORAZÓN RECTO

Isaías 57:15; Hebreos 3:12-15

VERSÍCULO PARA RECORDAR:

"Mirad, hermanos, que no haya en ninguno de vosotros corazón malo de incredulidad para apartarse del Dios vivo".

HEBREOS 3:12

El arrepentimiento es un cambio sincero en nuestra actitud y forma de pensar, que surge de un corazón humilde que se vuelve a Dios con fe buscando Su perdón por el mal cometido. Para que el arrepentimiento tenga lugar, uno debe tener el corazón en la condición correcta.

De nuestro texto en Isaías 57:15 descubrimos que, aunque Dios es Alto y exaltado, no está lejos de quien tiene un corazón arrepentido-un corazón roto y contrito.

Un corazón orgulloso no podrá arrepentirse porque alguien con un corazón así no aceptará la responsabilidad de ninguna mala acción. Un corazón endurecido no aceptará el mensaje de salvación de Dios (Hebreos 3:15) y un corazón incrédulo no estará de acuerdo con la Palabra de Dios. Por lo tanto, se nos advierte que no debemos tener un corazón así. La condición apropiada para el arrepentimiento es tener un corazón que sea humilde, roto y contrito, blando; uno con fe en Dios.

Pensamientos posteriores: ¿Cuál es el estado actual de tu corazón? Ten cuidado de que tu corazón se endurezca o llene de orgullo, ya que eso te aleja de Dios. El verdadero arrepentimiento nos acerca a Dios.

Oración: Pide a Dios un nuevo corazón que no se oponga a Él y que no sea orgulloso, sino que pueda volverse rápidamente a Él con toda sinceridad y humildad.

ARREPENTIMIENTO; TRISTEZA PIADOSA

2 Corintios 7:9-10; Lucas 22:60-62

VERSÍCULO PARA RECORDAR:

> *"Ahora me gozo, no porque hayáis sido contristados,*
> *sino porque fuisteis contristados para*
> *arrepentimiento; porque habéis sido*
> *contristados según Dios, para que ninguna*
> *pérdida padecieseis por nuestra parte".*
>
> 2 CORINTIOS 7:9

Podemos experimentar tristeza por varias razones. Muchas personas en algún momento se sienten mal por sus malos actos con algo de tristeza o dolor acompañándolo. Sin embargo, no es provechoso lamentarse por nuestras malas acciones sin que Dios esté presente. La ausencia de Dios en medio del dolor puede llevarnos a un camino autodestructivo.

Hay dos tipos de dolor, uno es mundano y tiene un gran potencial de daño. Judas Iscariote traicionó al Señor Jesús y fue recompensado con algo de dinero, después se sintió mal y trató de devolverlo, pero fue rechazado, tiró el dinero y se ahorcó. Tuvo dolor por su mala acción, pero no era un dolor piadoso. Le faltaba esperanza y trató de preservar su reputación, pero no se volvió a Dios.

El otro tipo de dolor es el dolor piadoso. Este tipo de dolor nos lleva a cambiar nuestra forma de vida. Tiene esperanza y nos lleva a Dios. Es el tipo de dolor que tuvieron los Corintios en nuestro texto después de que el apóstol Pablo les escribiera para corregirlos.

Pensamientos posteriores: Si te sientes culpable por alguna mala acción, lo correcto es acudir a Dios en arrepentimiento. No puedes corregir tu corazón haciéndote daño a ti mismo. Deja que tu dolor y tu llanto se dirijan a Dios en fe y no a ti mismo en auto condena.

Oración: Señor, gracias por enseñar el verdadero arrepentimiento. Sálvame de toda forma de daño a mí mismo. No permitas que viva en la tristeza, sino con esperanza en el nombre de Jesús. Amén.

ARREPENTIMIENTO; CAMBIO DE ACTITUD Y FORMA DE PENSAR

Lucas 15:11-19

VERSÍCULO PARA RECORDAR:

"Me levantaré e iré a mi padre, y le diré: Padre, he pecado contra el cielo y contra ti".

LUCAS 15:18

El arrepentimiento implica un cambio de pensamiento y de actitud. La historia del hijo pródigo ilustra un cambio de pensamiento y perspectiva.

Al principio, el hijo pródigo atesoraba la idea de la independencia del padre. Sé que algunos de nosotros hemos deseado lo mismo, pensando que se nos restringía y se nos impedía divertirnos de verdad. Pues bien, con el paso del tiempo, el hijo pródigo dilapidó todos sus recursos y se enfrentó a la carencia y la privación; también empezó a tener que quedarse con cierto hombre que poseía cerdos y, sin embargo, no obtuvo nada importante de esa empresa. Finalmente, "volvió en sí" (Lucas 15:17) y empezó a pensar en todos los privilegios que tenía con su padre y que había abandonado; lo más importante es que asumió la responsabilidad de sus actos y estaba dispuesto, si era necesario, a pagar por ello convirtiéndose en siervo en lugar de hijo.

Nótese que no se infligió ningún castigo a sí mismo, sino que estaba dispuesto a aceptar el castigo debido. Sus pensamientos y su actitud habían cambiado y decidió volver con su padre.

Pensamientos posteriores: El arrepentimiento implica alejarse de la forma de pensar que nos hace no reconocer nuestro mal; la forma de pensar y la actitud que nos hizo cometer el mal en primer lugar. En cambio, asumimos la responsabilidad y tratamos de corregir lo que hemos hecho con aquellos a los que hemos perjudicado. Las leyes de Dios son para nuestro bien, nos hacemos mucho mal a nosotros mismos desobedeciéndole pensando que estamos siendo esclavizados por la obediencia. El hijo pródigo como vemos, sí descubrió que su Padre siempre tuvo buenas intenciones con él.

Oración: Padre Celestial, ahora sé que tienes buenas intenciones para mí. Te agradezco y pensaré de manera diferente de ahora en adelante. Reconozco todo lo que he hecho mal y te pido perdón; por favor dame una segunda oportunidad para servirte Señor, en el nombre de Jesús. Amén.

DEVOCIONAL DIA 7:

LA FORMA EN QUE VIVIMOS DEBE MOSTRAR QUE SE HA PRODUCIDO EL ARREPENTIMIENTO

Lucas 3:3-14; Lucas 15:20-24

VERSÍCULO PARA RECORDAR:

"Haced, pues, frutos dignos de arrepentimiento".

LUCAS 3:8

El hijo pródigo, como vemos en Lucas 15:20-24, dio los pasos correspondientes tras el cambio en su forma de pensar. Se levantó y volvió a su padre no para justificarse, sino para pedirle perdón. Hay frutos del arrepentimiento, y estos frutos son las nuevas acciones y la forma de vida que corresponde a nuestro cambio.

Juan el Bautista, en Lucas 3:3-14, predicó el mensaje de arrepentimiento y, cuando la gente mostró su voluntad de cambiar, les retó a que demostraran su arrepentimiento mostrándolo en su forma de vida (Lucas 3:10-14). El arrepentimiento no se limita a las buenas palabras y a los buenos sentimientos. Las acciones deben corresponder a nuestras palabras. En el texto vemos a personas de diferentes grupos preguntando qué deben hacer y a Juan diciéndole a cada grupo lo que debe hacer, desde la bondad hasta el contentamiento y la autodisciplina.

Pensamientos posteriores: ¿Qué crees que debes hacer de manera diferente? Tus frutos demostrarán que tu arrepentimiento es genuino.

Oración: Señor, le pido a la Gracia vivir una vida que dé frutos que muestren el verdadero arrepentimiento en el nombre de Jesús. Amén

ACTIVIDAD:

1. Describe el arrepentimiento con tus propias palabras.
2. ¿Cuál es la condición correcta del corazón para el arrepentimiento?
3. ¿Qué es la tristeza mundana? Da un ejemplo de a qué puede conducir.
4. ¿A qué conduce la tristeza piadosa?
5. Nuestro dolor debe llevarnos a Dios, ¿verdadero o falso?
6. Cuando Pedro negó al Señor en Lucas 22:60-62 y lloró amargamente, ¿qué tipo de dolor era el suyo?

¿QUÉ ES LA SALVACIÓN?

Salvación – el regalo que recibimos cuando aceptamos a Jesucristo, el "Sumo Sacrificio" quien nos regresa al Padre, de vuelta a lo que fuimos creados para ser, y nos enviará al Cielo cuando muramos.

¿POR QUÉ necesitamos Salvación?

Dios, el Creador del Uerso, Caminó con Adán y Eva en el Jardín. Adán pecó.

El pecado de Adán separó a Adán y todos sus descendientes de Dios.

Pídele que perdone tus pecados. Pídele que sea el Rey de tu corazón.

¿Qué es la Salvación?

Jesús murió por tus pecados.

DEVOCIONAL DIA 8:

*OS DARÉ CORAZÓN NUEVO, Y PONDRÉ
ESPÍRITU NUEVO DENTRO DE VOSOTROS;*

Os daré corazón nuevo, y pondré espíritu nuevo
dentro de vosotros; y quitaré de vuestra carne
el corazón de piedra, y os daré un corazón de
carne. 27 Y pondré dentro de vosotros mi
Espíritu, y haré que andéis en mis estatutos, y
guardéis mis preceptos, y los pongáis por obra.

EZEQUIEL 36:26-27

 **¿Cómo cambiaría tu vida si Jesús te diera un corazón de carne?**

_____

_____

_____

_____

_____

_____

_____

_____

_____

_____

_____

_____

_____

_____

_____

_____

Pensamientos posteriores: Pide a Jesús que perdone tus pecados. Pídele que sea el Rey de tu corazón.

¿QUÉ ES EL BAUTISMO EN AGUA?

Ahora nos damos cuenta de que hemos pecado. Y sabemos que Jesús es la única respuesta que nos da Dios para ser libres del pecado.

Nos hemos arrepentido de nuestros pecados y le hemos pedido a Jesús que entre en nuestro corazón.

Jesús ha comenzado el proceso de quitar nuestro corazón de piedra y darnos un corazón de carne.

El siguiente paso de este proceso, o como lo llamamos en este libro el "Viaje a la Roca" es el **Bautismo en Agua.**

El bautismo en agua es cuando un creyente se sumerge en agua, simbolizando la muerte de Jesús y su resurrección.

"Arrepentíos, y bautícese cada uno de vosotros en el nombre de Jesucristo para perdón de los pecados; y recibiréis el don del Espíritu Santo".

HECHOS2:38

¿Qué significa la palabra **remisión?**

Remisión significa **liberarse de la culpa o de la pena.**

Por ejemplo, si tienes una gran deuda y la persona dice que ya no tienes que pagar nada, entonces estarías **remitido** de la deuda.

Cuando Jesús murió en la cruz por ti y por mí, dijo que ya no teníamos que pagar la deuda del pecado.

Sumergimos en el bautismo en agua es un **símbolo de que morimos con Jesús en la cruz.**

"¿O no sabéis que todos los que hemos sido bautizados en Cristo Jesús, hemos sido bautizados en su muerte?".

ROMANOS 6:3

Cuando somos levantados del agua es un **símbolo de Jesús siendo resucitado.**

"Porque somos sepultados juntamente con él para muerte por el bautismo, a fin de que como Cristo resucitó de los muertos por la gloria del Padre, así también nosotros andemos en vida nueva".

ROMANOS 6:4

¿CÓMO PODEMOS ENTENDER LA "NUEVA VIDA"?

Cuando somos bautizados en agua, Jesús le dice a Satanás: **"Ya no** tendrás control sobre ellos. Cuando bajen a esa agua Conmigo, **todo** lo que tienes en ellos desaparecerá".

Salimos de esa agua con una nueva vida, salimos como una nueva criatura, y salimos como **hijos de Dios.**

Cuando somos sepultados con Jesús por el Bautismo de Agua, este:

- Destruye la naturaleza pecaminosa (el ADN) de Adán.

- La reemplaza con la nueva naturaleza (el ADN) de Jesucristo.

"porque todos los que habéis sido bautizados en Cristo, de Cristo estáis revestidos".

GÁLATAS 3:27

"De modo que si alguno está en Cristo, nueva criatura es; las cosas viejas pasaron; he aquí todas son hechas nuevas".

2 CORINTIOS 5:17

A través del Bautismo en Agua, ya no somos esclavos del pecado, sino servidores de la justicia.

Dios nos ha dado la respuesta.

DEVOCIONAL DIA 9:

BAUTISMO EN AGUA; MUERTE DE LA VIEJA VIDA Y NUEVO COMIENZO

Romanos 6: 3-4

VERSÍCULO PARA RECORDAR:

"Y yendo por el camino, llegaron a cierta agua, y dijo el eunuco: Aquí hay agua; ¿qué impide que yo sea bautizado?".

HECHOS 8:36

¿Cómo te sientes después de ducharte? Refrescado y fresco, ¿verdad? Esta es sólo una de las cosas que podemos hacer con el agua en la naturaleza.

Sin embargo, cuando somos bautizados en agua como prueba de nuestra fe en Jesucristo, tenemos más que eso.

El bautismo en agua es un símbolo de lo que Cristo ha hecho por nosotros. Cuando eres sumergido en el agua, simboliza tu participación en la muerte y la sepultura de Cristo, donde el cuerpo del pecado - la vieja vida, fue eliminado. Levantarte del agua simboliza tu participación en la resurrección de Jesucristo; esa llamada a una nueva vida. Ahora estás asociado con **el propio ADN de Dios.**

¡Aleluya!

El oficial del gobierno etíope (eunuco), después de escuchar el mensaje de salvación de Dios y al ver un cuerpo de agua, inmediatamente pidió ser bautizado porque entendía muy bien lo que él quería y su implicación.

Era una declaración pública de su nueva fe y simbolizaba lo que había sucedido: la muerte de su vieja vida y la resurrección a una nueva vida.

Pensamientos posteriores: Si has sido bautizado y no sabías el motivo, ahora lo sabes. Si aún no te has bautizado en agua, puedes pedirlo con una clara comprensión de lo que se trata.

Oración: Gracias Señor por el agua del bautismo mediante la cual soy bautizado en Cristo. Ayúdame a vivir continuamente en la vida refrescante que esta agua trae en el nombre de Jesús. Amén

FELIPE Y EL OFICIAL ETÍOPE

1. Un ángel del Señor le dijo a Felipe que fuera al sur, hacia el camino desértico que iba de Jerusalén y Gaza. Felipe obedeció y en el camino vio una carroza. Dentro iba un importante oficial etíope a cargo del tesoro de la reina que había ido a Jerusalén para rendir culto y estaba regresando a su casa. El Espíritu Santo le dijo a Felipe: –Ve hacia esa carroza y quédate cerca de ella.

2. Felipe corrió hasta la carroza y escuchó que el hombre leía en voz alta las palabras del profeta Isaías (Isaías 53:7-8).

3. ¿Entiendes lo que estás leyendo? –le preguntó Felipe. No podría a menos que alguien me lo explique replicó el etíope.

4. Invitó a Felipe a sentarse en la carroza con él.

5. El pasaje que el etíope estaba leyendo hablaba

sobre el Salvador que Dios había prometido enviar. Decía: Fue llevado como las ovejas al matadero y, como un cordero que permanece en silencio frente a su esquilador, él no abrió la boca.

6. 'En su humillación fue desprovisto de justicia. ¿Quién puede hablar de sus descendientes? Porque su vida fue arrancada de la tierra.'

7. 'Por favor, dime quién es aquel del que habla el profeta,' dijo el Etíope, '¿es él mismo u otra persona?'

8. 'El profeta Isaías está hablando sobre Jesús,' explicó Felipe. Luego le dijo cómo Jesús había muerto y había resucitado de entre los muertos para que los pecados de todos fueran perdonados.

9. Mientras viajaban por el camino, el etíope dijo, 'Mira, allí hay agua. ¿Qué puede impedir que yo sea bautizado?' Dio órdenes para detener la carroza.

10. El etíope entró al agua, donde Felipe lo bautizó. Cuando Felipe salió del agua, el Espíritu del Señor se lo llevó y apareció en Azoto (Azotus), donde predicó en todas las aldeas mientras viajaba el norte a Cesárea.

11. El etíope siguió su camino de regreso a su casa lleno de regocijo.

Pensamientos posteriores: Cuenta la historia de las siguientes páginas con tus propias palabras. Compártela con un amigo.

Felipe y el oficial etíope

Hecho 8:26-40

מֵעֹצֶר וּמִמִּשְׁפָּט לֻקָּח
וְאֶת־דּוֹרוֹ מִי יְשׂוֹחֵחַ
כִּי נִגְזַר מֵאֶרֶץ חַיִּים
מִפֶּשַׁע עַמִּי נֶגַע לָמוֹ ׃

¿QUIÉN ES EL ESPÍRITU SANTO?

Nuestro Dios es tres personas, pero un sólo Dios. El Padre, Jesús Su Hijo y el Espíritu Santo.

El Espíritu Santo estuvo activo en la creación de la Tierra y en la escritura de la Biblia.

Al Espíritu Santo le encanta ayudarte cuando se lo pides.

¿QUÉ ES EL BAUTISMO DEL ESPÍRITU SANTO?

Después de que Jesús fue asesinado, estuvo muerto por tres días, luego su Padre lo devolvió a la vida. Después de eso, regresó al cielo para estar con su Padre. Antes de que Jesús fuera al cielo, pasó 40 días con sus estudiantes. Prometió enviar el Espíritu Santo para estar con ellos para que no estuvieran solos.

Después de que Jesús se fue, el Espíritu Santo fue a los estudiantes de Jesús que estaban juntos orando, y los bautizó con poder y audacia. Fue una experiencia muy asombrosa. Empezaron a predicar con audacia sobre Jesús en idiomas que nunca habían aprendido y curaron a los enfermos.

Ahora no tendrían miedo o estarían solos, porque el Espíritu Santo fue a vivir dentro de ellos, así que Él siempre estaría con ellos. ¡La promesa de Jesús es para ti también! Puedes tener el bautismo del Espíritu Santo también si se lo pides a Él.

OTRO BAUTISMO DESPUÉS DEL BAUTISMO EN AGUA

Mateo 3:11; Hechos19:1-6

VERSÍCULO PARA RECORDAR:

"Yo a la verdad os bautizo en agua para arrepentimiento; pero el que viene tras mí, cuyo calzado yo no soy digno de llevar, es más poderoso que yo; él os bautizará en Espíritu Santo y fuego".

MATEO 3:11

Hechos 19:1-6 narra la experiencia de un grupo de jóvenes convertidos al Cristianismo que conocieron el bautismo en agua, el realizado por Juan el Bautista. El bautismo en agua, como ya habíamos comentado anteriormente, simboliza la nueva vida en Cristo, sin embargo, se nos promete otro bautismo que será realizado por el propio Cristo. Es el bautismo del Espíritu Santo.

Todos los que reciben el llamado de Dios a la salvación deben desear el bautismo del Espíritu Santo. Es muy importante, y no es para unos pocos elegidos. A diferencia del bautismo en agua, no es necesario ir a un lugar en particular para ser bautizado con el Espíritu Santo. Siempre puedes recibirlo a Él cuando lo pides con fe mientras un Pastor ora por ti, o cuando escuchas la Palabra predicada, en una reunión pública o durante tu tiempo de oración privado.

Pensamientos posteriores: La iglesia primitiva se aseguraba de que los nuevos creyentes fueran bautizados tanto con agua como con el Espíritu Santo.

Oración: Gracias Señor por el bautismo del Espíritu Santo.

EL BAUTISMO DEL ESPÍRITU SANTO; RECIBIR EL PODER

Hechos 1:8; Hechos 2:1-12

VERSÍCULO PARA RECORDAR:

"pero recibiréis poder, cuando haya venido sobre vosotros el Espíritu Santo, y me seréis testigos en Jerusalén, en toda Judea, en Samaria, y hasta lo último de la tierra".

HECHOS 1:8

Sin poder, cualquier trabajo será frustrante y pesado. Intentar hacer la obra de Dios sin el Espíritu Santo es intentar hacer la obra de Dios sin Su Poder. Recibimos poder cuando el Espíritu Santo viene sobre nosotros. Esa es toda la esencia del bautismo del Espíritu Santo. Con Él tenemos la identidad de que pertenecemos a Dios (Romanos 8:9) y podemos ser Sus testigos (representarlo a Él mediante la presentación de Su evangelio a otros)

Cuando el Espíritu Santo vino sobre los primeros discípulos, ellos hablaban en otras lenguas (idiomas) contando las maravillas de Dios y lenguas de fuego aparecieron visiblemente sobre sus cabezas; no debemos esperar ver fuego físico caer sobre nosotros antes de creer que hemos recibido Su bautismo. Debemos saber que con el bautismo del Espíritu Santo alabaremos a Dios más abundantemente exclamando su alabanza en idiomas o lenguas desconocidas y teniendo la audacia de predicar, así como vivir una vida victoriosa y gloriosa mientras sigamos confiando en Él. (Hechos 4:31).

Con este poder del Espíritu Santo, podemos continuar con el servicio Cristiano y extendernos a nuestro mundo.

Pensamientos posteriores: ¿Crees que realmente puedes hacer la obra de Dios sin Su Poder? Jesús enfatizó el Bautismo del Espíritu Santo y nosotros también deberíamos hacerlo.

Oración: Señor, por favor bautízame con tu Espíritu como lo prometiste en tu palabra en el nombre de Jesús. Amén

BAUTISMO DEL ESPÍRITU SANTO; COSAS QUE DEBES SABER

Lucas 11:13; Hechos 2:38-39

VERSÍCULO PARA RECORDAR:

> *"Pues si vosotros, siendo malos, sabéis dar buenas dádivas a vuestros hijos, ¿cuánto más vuestro Padre celestial dará el Espíritu Santo a los que se lo pidan?".*

LUCAS 11:13

Hay conceptos erróneos sobre el bautismo del Espíritu Santo, pero la palabra de Dios no nos deja dudas sobre lo que debemos hacer y esperar. Aquí hay algunas cosas que debemos saber como se revela en la palabra de Dios:

1. Dios es un Dios bueno y no da regalos malos. El don del Espíritu Santo es un regalo de Dios para el creyente y en él no hay maldad. (Santiago 1:17; Lucas 11:13)

2. Dios está muy dispuesto a darnos el Espíritu Santo; sólo debemos pedir y creer. Si nuestros padres terrenales suelen darnos lo que pedimos, ¡cuánto más nuestro Padre celestial! (Lucas 11:9-13)

3. El bautismo es para todos los creyentes y no para unos pocos elegidos. (Hechos 2:39)

4. Una evidencia primaria del bautismo del Espíritu Santo, es que hablamos con nuevas lenguas y magnificamos a Dios. Por lo tanto, no hay que buscar las lenguas, sino que hay que buscar al Espíritu Santo y Él te dará la expresión para hablar. No necesitas copiar a nadie, sino confiar en Él para que te dé la expresión. (Hechos 2:1-4; Hechos 10:44-46)

5. El Bautismo del Espíritu Santo no debe ser siempre tan dramático. Dios puede elegir bautizar a cualquiera en cualquier reunión con o sin manifestaciones tan espectaculares. Sin embargo, una experiencia común es el hablar en lenguas, así como la audacia y el poder para hacer el servicio Cristiano como vemos en la experiencia de los apóstoles. (Hechos 4:8-13)

Oración: Señor, libérame de cualquier concepto erróneo sobre el Espíritu Santo que me haya impedido aceptarlo en el nombre de Jesús, Amén.

EL BAUTISMO DEL ESPÍRITU SANTO; CÓMO RECIBIRLO

Hechos 2:1-4; Hechos 10:44-46; Hechos 19:6

VERSÍCULO PARA RECORDAR:

"Porque para vosotros es la promesa, y para vuestros hijos, y para todos los que están lejos; para cuantos el Señor nuestro Dios llamare".

HECHOS 2:39

La calificación principal para recibir el Espíritu Santo es que seas salvo. Dios no está restringido por métodos; el factor común es la presencia de la fe ya sea en la asamblea de creyentes o en un lugar privado, el bautismo del Espíritu Santo puede tener lugar una vez que la fe está presente.

Posibles situaciones en las que podemos recibir el Espíritu Santo

- A través de la imposición de manos de un ministro ungido. (Hechos 9:17; Hechos 19:6)

- Durante un período de espera en el Señor. (Hechos 2:1-4)
- Durante una Reunión Cristiana donde se predica la palabra de Dios. (Hechos 10:44-46)
- Durante o después de la oración privada o pública. (Hechos 4:31)
- La experiencia de las personas que recibieron el Bautismo del Espíritu Santo varía de persona a persona.

Cornelio y su familia recibieron el bautismo del Espíritu Santo mientras Pedro aún les predicaba la palabra de Dios. El apóstol Pablo hizo que un discípulo llamado Ananías le impusiera las manos, mientras que el primer grupo de creyentes (esto incluía a los discípulos de Jesús) que recibieron el bautismo del Espíritu Santo estaban esperando al Señor como Él les había instruido cuando tuvo lugar el bautismo del Espíritu Santo.

Pensamientos posteriores: Tú también puedes Recibirlo. No tienes que viajar lejos, si tienes fe y le pides al Padre, Él te lo dará.

Oración: Ayúdame Señor a tener el conocimiento para usar mi fe para recibir el Espíritu Santo en el nombre de Jesús, Amén.

DEVOCIONAL DIA 10:

EL BAUTISMO DEL ESPÍRITU SANTO; CÓMO RECIBIRLO

Gálatas 3:2-5

VERSÍCULO PARA RECORDAR:

"Pero vosotros, amados, edificándoos sobre vuestra santísima fe, orando en el Espíritu Santo".

JUDAS 20

Ahora que has recibido el bautismo del Espíritu Santo, ¿qué sigue? Debes continuar en el Espíritu; la vida del Espíritu es una vida de fe. Una manera de edificar tu fe es orando en el Espíritu Santo, como lo advierte nuestro versículo para recordar. Orar en el Espíritu Santo significa simplemente orar por la guía del Espíritu y esto puede ser en una lengua desconocida o con entendimiento (lenguaje que puedes entender) de la verdad central de que tales oraciones no provienen de la mente o el intelecto. Puede que ni siquiera tengan sentido en el momento, por así decirlo, pero siempre son las oraciones apropiadas en el momento, y éstas constituirán una parte importante de las oraciones que necesitarás a medida que continúes el camino espiritual.

No te desanimes ya que puede que no entiendas todo todavía, sin embargo, asegúrate de continuar estudiando la palabra y orando. El Espíritu Santo, que está ahora en ti, te ayudará a enseñarte. Además, nunca descuides las reuniones de la hermandad Cristiana o los servicios de la Iglesia; estas son avenidas a través de las cuales Dios te ayudará y te hará crecer. A medida que haces esto, pronto comenzarás a descubrir tus dones espirituales, estos serán más evidentes a medida que sirves a tu iglesia local o a la hermandad cristiana.

Pensamientos posteriores: Si comenzaste en el Espíritu, ¿lo lograrías si decides vivir por la carne? ¡Ciertamente no! Seguir el caminar en el Espíritu es un caminar en la fe y pronto llegarás a ser más y más fructífero en la Casa de Dios.

Oración: Padre Justo, ya que he sido introducido en una vida en el Espíritu, ayúdame a no retroceder o buscar terminar mi viaje en la carne en el nombre de Jesús, Amén.

¿QUÉ DEBO HACER PARA SER SALVO?

Ora esta oración:

Querido Jesús, sé que he pecado; he elegido hacer cosas que están mal cuando podría haber elegido el camino correcto. Me arrepiento de esos pecados; quiero y necesito que mi vida cambie... hoy. Por favor, perdóname y coloca tu nuevo corazón y tu nuevo espíritu dentro de mí. Por favor, ven y vive en mi corazón para siempre. Jesús, por favor llena mi corazón con tu amor y compasión por los demás y guíame todos los días de mi vida. Amén.

Ahora, busca una iglesia que crea en la Biblia como la Palabra de Dios. Averigua cuáles son los siguientes pasos para ser Cristiano, seguir a Jesús, conocer a Dios como tu Rey, y ser guiado por Su Espíritu.

¿CÓMO podemos proteger un regalo tan grande?

Pasa momentos con Dios y otros creyentes

Camina en la Luz - en la honestidad

Sigue confesando tus pecados

Dedica tiempo a leer tu Biblia

Ora diariamente

DEVOCIONAL DIA 11
¿QUÉ DEBO HACER PARA SER SALVO?

Hechos16:16-34; Romanos 10:9-10

VERSÍCULO PARA RECORDAR:

"Ellos dijeron: Cree en el Señor Jesucristo, y serás salvo, tú y tu casa".

HECHOS16:31

La pregunta "¿Qué debo hacer para ser salvo?" es una pregunta seria y estará en lo más alto del corazón de cualquier persona que tenga problemas graves. Sin embargo, algunos problemas y situaciones están más allá de la capacidad del hombre y, a menos que Dios intervenga en tales situaciones, uno puede estar condenado.

En la antigüedad, los carceleros bajo cuya vigilancia se producía una fuga corrían el riesgo de morir (Hechos 12:19). Así, vemos que el carcelero de nuestro texto, al darse cuenta de que las puertas de la cárcel estaban abiertas, intentó suicidarse, pero fue detenido por el apóstol Pablo, que le aseguró que ninguno de los presos había escapado. Temblando, se arrepintió de sus acciones anteriores y se enfrentó a la realidad de la Salvación preguntando qué debía hacer para ser salvo. Debió preguntarse cuál era la Esperanza de Pablo y Silas que les hacía cantar cuando estaban en prisión. Ciertamente, era algo que valía la pena tener.

¿Eres hoy como el carcelero? ¿Crees que no tienes ninguna esperanza? ¡Espera un momento! Hay esperanza, cree en el Señor Jesucristo y serás salvo. Invoca a Jesús ahora. El carcelero creyó y fue salvado finalmente de la perdición eterna.

Pensamientos posteriores: Tú también puedes creer hoy y ver cómo Jesús cambia tu vida para bien. Cuando creemos en Cristo Jesús; estamos de acuerdo con todo lo que Él ya ha hecho por nosotros y participamos en su vida victoriosa. Habla con el Señor en la Fe.

Oración: Señor, creo en ti. Creo en Jesús. Soy salvo en el nombre de Jesús. Soy libre en el nombre de Jesús. Amén.

SAL Y HAZ DISCÍPULOS

Un discípulo es un seguidor o estudiante de un maestro.

*Cuando Jesús llamó a sus discípulos, simplemente dijo: "Y les dijo: Venid en pos de mí, **y os haré** pescadores de hombres".*

MATEO 4:19

Jesús les enseñó a hacer todo lo que Él hizo, a sanar toda clase de enfermedades, a echar fuera demonios y a predicar sobre el Reino de los Cielos.

Justo antes de que Jesús fuera al cielo, les dijo a sus discípulos que le dijeran a todo el mundo las buenas noticias.

Pero, ¿cómo puedes seguir a un Dios que no puedes ver?

Sigue la Biblia. Este es nuestro libro de instrucciones para enseñarnos lo que es correcto. Es la carta de Dios para nosotros.

Sigue al Espíritu Santo que nos da dirección personal, ya que ahora Él vive dentro de nosotros.

Es natural que escuches la voz de Dios y seas guiado por el Espíritu Santo.

Dios ama tanto a las personas que Jesús murió por ellas. Quiere que se lo digas a la gente y que hagas discípulos de aquellos que creerán en tus palabras.

Escritura para recordar:

> *"Por tanto, id, y haced discípulos a todas las naciones".*

MATEO 28:19, MARCOS 16:15-16

DEVOCIONAL DIA 12:

VAYAN Y HAGAN DISCÍPULOS

Mateo 28:18-20

VERSÍCULO PARA RECORDAR:

"Y Jesús se acercó y les habló diciendo: Toda potestad me es dada en el cielo y en la tierra. 19 Por tanto, id, y haced discípulos a todas las naciones, bautizándolos en el nombre del Padre, y del Hijo, y del Espíritu Santo".

MATEO 28:18-19

¿Has estado alguna vez en un lugar en el que has disfrutado al máximo de tu estancia y has deseado que algunos de tus amigos tuvieran el mismo trato? Al volver a casa con tus amigos, te diste cuenta de que no podías resistir el impulso de contarles tu experiencia. El mensaje de salvación de Dios es algo más que un bonito regalo. Es la mejor noticia de todos los tiempos: que si tienes a Cristo, tienes la vida eterna de la Esperanza. Por lo tanto, no sólo estamos obligados, como creyentes, a compartir el mensaje de Dios, sino que Jesús Mismo nos lo ha ordenado.

Cuando compartimos el evangelio con otros, estamos trabajando para hacer discípulos que se convertirán en nuevos miembros de la familia de Dios. Ellos, a su vez, junto con nosotros, afectarán positivamente a nuestro mundo para la gloria de Dios. Los discípulos son personas que siguen ciertas enseñanzas y principios. Dios nos llama a ti y a mí no sólo a ser sus discípulos, sino a aumentar el número trayendo más a la familia.

Pensamientos posteriores: Si tienes incrédulos o personas rebeldes en tu familia puedes creer que Dios traerá su salvación porque Él no solo está interesado en la salvación de los individuos, sino de familias enteras.

Puntos de acción: Comparte las buenas nuevas tan a menudo como sea posible; habla con ese familiar, ese amigo, ese vecino.

Oración: Señor, gracias por la oportunidad de participar en la formación de discípulos. Ayúdame a ser valiente y a obedecer tu mandato. Haz que los hombres de toda nación y tribu vengan a ti en el nombre de Jesús. Amén.

ACTIVIDAD:

Esto se puede hacer como un proyecto para todo el año

- Anota los nombres de las personas con las que hablas a diario.

- Mira tu lista semanalmente y ora por ellos.

DAILY PLAN

DATE: / /

NOTE

MONTHLY PLAN

MONTH:

1 2 3 4 5 6 7 8 9 10 11 12 13 14 15 16 17 18 19 20 21 22 23 24 25 26 27 28 29 30 31

_____ ○○○○○○○○○○○○○○○○○○○○○○○○○○○○○○○
_____ ○○○○○○○○○○○○○○○○○○○○○○○○○○○○○○○
_____ ○○○○○○○○○○○○○○○○○○○○○○○○○○○○○○○
_____ ○○○○○○○○○○○○○○○○○○○○○○○○○○○○○○○

NOTE

RELLENAR LOS ESPACIOS EN BLANCO

Created using the Crossword Maker on TheTeachersCorner.net

HORIZONTAL

3. Nos separa de Dios
5. Hablar con Dios
9. Creada en el primer dia
12. El hombre que Dios creo
13. Vayan y _____ todas las naciones
15. Lo que Dios hizo en el septimo dia
16. Donde vive Dios
17. Dios es todos los _____
19. La mujer que Dios formo

VERTICAL

1. Creer y confiar en Dios
2. Otro nombre para Satanas
4. Necesitamos un nuevo _____
6. Hemos sido creados a _____ de Dios 7. Como se recibe el Espiritu Santo
8. La naturaleza pecaminosa de Adan
10. El nombre del enemigo de Dios
11. Como se llama un seguidor
13. El enemigo de Dios es _____
14. Dios quiere _____ con nosotros
18. Donde Dios camino con Adan

DE GRACIA RECIBISTES, DAD DE GRACIA

ESCRITURA PARA RECORDAR:

"Por tanto, id, y haced discípulos a todas las naciones, bautizándolos en el nombre del Padre, y del Hijo, y del Espíritu Santo; 20 enseñándoles que guarden todas las cosas que os he mandado; y he aquí yo estoy con vosotros todos los días, hasta el fin del mundo".

MATEO 28:19

RESPUESTAS

Puzle: ¿Qué día creó Dios?:

1. Luz
2. Los cielos
3. Tierra, Mar, Vegetación
4. Sol, Luna y Estrellas
5. Aves y animales marinos
6. Animales terrestres y Adán
7. Descanso

Puzle: En el principio

S	A	R	E	S	P	I	R	A	C	I	O	N	H
R	N	N	P	D	I	A	A	E	S	E	O	P	N
S	I	T	I	S	A	L	L	E	R	T	S	E	O
N	M	Z	I	S	T	T	E	E	T	L	U	N	A
N	A	A	I	E	E	S	D	N	Z	D	J	P	P
S	L	A	J	A	R	C	J	R	L	A	A	L	T
O	E	O	L	E	A	R	E	A	N	R	A	E	H
O	S	U	L	P	H	N	A	P	L	N	V	I	E
D	Z	Z	S	O	L	C	C	L	T	R	I	A	E
I	M	L	L	A	S	E	O	A	E	N	N	I	L
O	R	E	R	A	S	I	S	N	R	A	A	I	I
S	I	D	N	I	R	R	S	E	C	C	S	I	E
C	S	O	V	I	V	S	E	R	E	S	L	T	E
N	I	D	R	A	J	S	R	I	L	N	N	D	D

Puzle: Naciones del Mundo

```
D  S  K  P  T  S  F  B  R  A  S  I  L  I
B  U  A  I  N  A  D  R  O  J  A  A  M  D
F  E  E  N  S  P  I  L  I  B  E  R  I  A
I  C  A  I  I  N  G  L  A  T  E  R  R  A
L  I  I  C  A  N  A  D  A  I  J  E  I  I
I  A  I  P  A  J  A  P  O  N  A  N  L  N
P  L  J  N  I  G  E  R  I  A  D  N  R  D
I  A  L  E  A  R  S  I  O  A  S  I  E  I
N  A  N  U  C  H  I  L  E  H  S  I  A  A
A  S  R  A  U  S  T  R  A  L  I  A  B  I
S  E  I  R  U  S  I  A  O  C  I  X  E  M
P  D  M  L  I  R  E  T  I  O  P  I  A  R
N  A  T  I  V  O  S  A  M  E  R  I  C  A
U  G  A  N  D  A  I  N  E  K  S  I  I  L
```

Puzle: ¿Qué es Pecado?

```
E  L  U  J  U  R  I  A  M  S  I  A  A  U
O  O  S  B  I  U  R  S  E  A  M  B  N  N
I  O  Z  R  D  R  A  O  N  G  A  I  A  H
O  M  E  R  O  E  E  T  T  O  N  O  M  A
I  B  U  U  L  R  N  A  I  R  S  D  O  I
B  R  G  O  A  L  V  N  R  D  E  I  R  R
A  U  A  T  T  O  I  I  A  E  D  O  E  G
B  J  I  L  R  I  D  S  A  D  U  S  G  E
O  E  R  U  I  T  I  E  I  O  M  D  O  L
N  R  B  C  A  L  A  S  S  B  I  I  A
D  I  M  H  A  B  S  A  A  U  R  L  S  O
A  A  E  A  O  A  S  U  B  B  E  O  M  D
D  M  C  F  O  R  N  I  C  A  C  I  O  N
A  R  R  E  B  A  T  O  S  D  E  I  R  A
```

Crucigrama de los Fundamentos de la Fe

Horizontal

3. Nos separa de Dios (pecado)
5. Hablar con Dios (oracion)
9. Creada en el primer dia (luz)
12. El hombre que Dios creo (adan)
13. Vayan y _____ todas las naciones (ensenen) 15. Lo que Dios hizo en el septimo dia (descansar) 16. Donde vive Dios (cielo)
17. Dios es todos los _____ (colores)
19. La mujer que Dios formo (eva)

Vertical

1. Creer y confiar en Dios (fe)
2. Otro nombre para Satanas (maldad)
4. Necesitamos un nuevo _____ (corazon)
6. Hemos sido creados a _____ de Dios (imagen) 7. Como se recibe el Espiritu Santo (pidiendolo)
8. La naturaleza pecaminosa de Adan (adn)
10. El nombre del enemigo de Dios (satanas)
11. Como se llama un seguidor (discipulo)
13. El enemigo de Dios es _____ (el mal)
14. Dios quiere _____ con nosotros (vivir)
18. Donde Dios camino con Adan (eden)

AGRADECIMIENTOS

Special thanks to Veronica Sanchez

Images used with permission from book "God Saw That It Was Good" by Danny Bravin and Teresa Skinner. Pages 3, 4 and 17.

Free Bibleimages have been granted permission to make these images freely available for personal, teaching and ministry use under a Creative Commons Attribution-NonCommercial-NoDerivatives 4.0 International License.

 Image made possible by a joint venture of Good News Productions, International and College Press Publishing Co. Artist: Paula Nash Giltner www.theglobalgospel.org

Philip and the Ethiopian Eunuch

Original illustrations are the copyright of Sweet Publishing and these digitally adjusted compilations of them the copyright of FreeBibleimages. They are made available for free download under a Creative Commons Attribution-ShareAlike 3.0 Unported license.